어머니의 시계

임원지 수녀 시집

가톨릭출판사

어머니의 시계

2019년 8월 11일 교회 인가
2019년 10월 9일 초판 1쇄 펴냄

지은이 · 임원지
펴낸이 · 염수정
펴낸곳 · 가톨릭출판사
편집 겸 인쇄인 · 김대영
편집 · 정주화
표지 디자인 · 정진아
내지 디자인 · 박지현

본사 · 서울특별시 중구 중림로 27
지사 · 경기도 고양시 일산동구 노첨길 65
등록 · 1958. 1. 16. 제2-314호
전자우편 · edit@catholicbook.kr
전화 · 1544-1886(대), (02)6365-1888(물류지원국)
지로번호 · 3000997

ISBN 978-89-321-1645-7 03810

값 12,000원

가톨릭출판사 인터넷쇼핑몰 http://www.catholicbook.kr
직영 매장: 명동대성당 (02)776-3601, (070)8865-1886/ FAX (02)776-3602
가톨릭회관 (02)777-2521, (070)8810-1886/ FAX (02)6499-1906
서초동성당 (02)313-1886/ FAX (02)585-5883
서울성모병원 (02)534-1886/ FAX (02)392-9252
절두산순교성지 (02)3141-1886/ FAX (02)335-0213
은평성모병원 (02)363-9119
부천성모병원 (032)343-1886
미주지사 (323)734-3383/ FAX (323)734-3380

이 도서의 국립중앙도서관 출판예정도서목록(CIP)은 서지정보유통지원시스템 홈페이지(http://seoji.nl.go.kr)와 국가자료종합목록 구축시스템(http://kolis-net.nl.go.kr)에서 이용하실 수 있습니다. (CIP제어번호 : CIP2019035586)

어머니의 시계

임원지 수녀 시집

가톨릭출판사

서문

〈숲, 숲길에서〉, 〈작은 연못〉, 이어서 제3시집을 내려 할 때, 2016년 7월에 돌아가신 육촌오라버니 임강빈 시인이 가시기 한 달 전 주신 제목은 〈어머니의 시계〉였는데 이를 따르지 않고 〈왕국의 백성〉으로 했습니다. 그리고 그 이후의 시는 〈목마름〉으로 묶었습니다. 하지만 마지막으로 총정리하는 시선집을 내면서는 〈어머니의 시계〉라고 제목합니다.

대전여고 2학년 때, 원영한元暎漢 영어선생님께서 〈녹원鹿苑〉 동인을 만드시고, 저희 학년과 1학년, 학년 올라가 다시 그 아래 학년 하여 7명 정도를 가리셨습니다. 여기에 저도 행운처럼 끼어 있었습니다. 초등학교 친구인 장상張裳은 전에 이런 말을 했습니다. "임 수녀는 시인이야, 그저 펜 들고 써 내리기만 하면 되는데……." 이는 가끔씩 제 인생에 숙제로 남았었습니다.

교육 일선에서 물러난 후의 삶이 시에 담겨 있습니다. 왜 시를 놓지 못하는지 자문합니다. 국적이 뚜렷한, 어머니의 언어이기 때문이라고 답해 보지만 이는 궁하고 거창한 구실입니다. 시는 졸품拙品일지라도 역시 기쁨입니다. 곰곰이 생각하니, 수도자는 흠숭하올 우리 주님 왕국의 백성으로 순교자와 비슷해야 하고, 생명과 온 우주를 사랑하는 자에 닮아 있으며, 정화淨化의 몫이 있으리라고 십자가의 그분이 이르시는 듯합니다. 염수정 추기경님의 격려에 감사드립니다. 성모님의 도움으로 하늘나라 함께 가려는 염원을 담습니다.

2019. 8. 5. 서원 50주년에

임원지任元智 Cecilia 수녀(FMA)

차례

2부 작은 연못

2006~2008, 대전 나자렛집

3부 왕국의 백성

1장 새들의 언어 2009~2010, 광주광역시 청소년수련원

3장 목마름 3 2018~, 서울 본원 옛날 입회하던 제자리로 와서

5부 산문

1부 숲, 숲길에서

2005, 제주 신성여중고 수녀원

제주 · 1

제주 도착 첫날 저녁
밖에 나가 영롱한 별자리
오리온을 보았습니다
그 조용한 푸른 밤이
날마다 보통 일이 되리라 하니
가슴 설레었습니다

낮에는 투명한 햇볕
어린 시절에 보았을 햇볕일까
수평선 너머에
누군가들이 있다는 일도
사면 바다인 이 섬을
외롭지 않게 합니다

050221

제주 · 2

오늘 새소리를 듣는다는 것
오늘 누군가를 위해 기도하고
오늘 뜰에 파를 심는다는 것
오늘 한라산을 올려다보고
바다 수평선을 내려다본다는 것
한 시간씩 숲길을 걸어도 만나는 이 없는
호젓한 산책로가 있다는 것
할 일이 있고
미래 걱정 없는 이 하루들이
소중할 뿐이다 050320

숲길 · 1

자기가 웃어주는데
내가 어찌 안 웃나
인적 없는 숲길이라더니
누굴 만난 거야?
반짝! 하고 날 바라본
반지꽃, 양지꽃

숲길엔 이야기 나눌 누군가 또 있지
나뭇가지에 숨어 재잘대는
숲 속 주인 산새 양반들
모습이 보여야 책 뒤져 이름 배우지, 얘들아
집도 있고 먹이도 있고
놀이터도 거기 넓은
그래, 숲 속의 평화주민
소리 고운 산새들 050417

숲길 · 2

나의 스님,
스님도 나의 스님 있나
원혜 스님이다
둥근잎다정큼이 꽃 핀
숲길 옆 죽림정사 비구니 나의 스님
갈 때마다 여유로운 차를 마신다 050520

숲길 · 3

가꾸지 않아도
문밖을 나서면
큰 정원 내 것이네

뒷집 감나무 귤나무,
잎 사이사이로 열매 들어차고
길 아래 하얗게 핀 참깨꽃밭
숲길엔 너희 깜찍한 산새들 노래

나 이렇게 제주 정원에 사네
안 가꾸어도 꽃들이 이어서 피고
안 돌보아도 산새들 잘 자라니
나는 객客인 듯 주인主人이고
주인인 듯 객이네

050705

휘파람새

아시나요, 서울 지하철 환승을 알리는
요란한 새 소리
그것이 제주휘파람새 소리인 줄
누구 아신 분 있나요?
제주에서 듣는 자연의 그 소리!
아무도 흉내 못 낼 그 아름다운 소리

제주 나의 숲길에서 처음 들었을 때
꿈인가 생시인가 했구요
이름 물어물어 마침내 알려준 이는
성판악 진달래 대피소 관리인
어찌나 고마운지
절을 몇 번이나 꾸벅꾸벅 했지요

새소리 책과 그에 딸린 CD 사서 들으니
더 귀여운 소리 하는 놈도 있어요
밀화부리, 고 녀석 050710

한라산 꼭대기

한라산 꼭대기
구름의 나라
빨리 왔다가
빨리빨리 사라지고
먼 하늘 구름바다는
또 하나의 수평선

한라산 꼭대기 예쁜 구름들은
백록담 작은 거울 호수에
매일 다투어 들려보고 가는가

7월 18일 일기예보, 낮 최고기온 30도
한라산 꼭대기엔
시원한 바람 050718

생명

환한 창가
한라산에 걸친 멋진 구름 더 보고
따끈따끈한 가을 햇빛 받는 화분들 더 보고
멀리 제주 바다도 더 앉아 바라보겠습니다
라디오에서 나온 '명상', '인도의 노래'
오늘 나의 아침을 더욱 가득 채웁니다

아프다, 아파!
어디가?
음, 아파!
사람들은 이리저리 아픕니다
주님, 구원의 시간에 이 생명의 한 자락
당신 연민의 크신 자락에 감싸이고 싶습니다

050907

숲길 · 4

해탈이는 죽림정사 견공犬公이다
짖는 일이 없어 벙어리인가 했다
스님이 육지 간 날은
처사處士처럼 절간을 지켰다
밥을 챙겨 가니 하루만 먹고
사라졌다가 스님 돌아오니 다시 나타났다

내가 스님을 부를 때
해탈아 스님 오셨니? 하면 된다
해탈이가 스님 오시자 나타났다 하니
　　반가운 척도 안 하데요
　　우린 서로 그렇게 무심하게 지내요
인연에 연연하지 않는 불자의 말씀
마음에 담으며 숲길 인사를 간다
억새는 꽃순을 내기 전
맨 윗가지를 아래로 탁 꺾는다　　　　　050919

반딧불

반딧불을 발견했다
운동장을 가로 질러 시원하게 날았다
숲길에도 날았다
우리 집 뜰에도 날았다

어젯밤엔 복도에 들어와
홀로 누워있었다
죽은 후에 형광이 사라졌다
생명이던 불빛이 050920

숲길 · 5

오늘은 조생早生을 따고
만생晩生은 더 두었다 따고
밀감밭 주인네들 밀감을 거두며
지나는 길손 보고 더 못 주어 서운하다

죽림정사 양다래 주워 먹고 올라가
팽주烹主 스님의 차를
다화茶花 감국 한 송이 옆에 두고 마시며
불상佛像 만든 분이 만든 성모상聖母像 이야기와
가톨릭 조각가가 만든 불상 이야기를 하며
종교간 대화를 이룬다

금강아지풀 단풍이 햇빛에 곱고
그리그의 솔베지 노래 다음에
쇼팽의 피아노협주곡 1번이 흐르는 사찰 다실
주인 돌아오니 해탈이도 돌아와
세월 여전히 간격이 없다 051023

영원

종일 행복합니다, 17일
제주 5일장에 가서
레몬 나무 하나 샀습니다

내일도 행복하고
모레도 행복하고
그 다음날, 그 다음은
행복하게 남겠습니다

하느님,
사랑으로 살게 하시니
감사합니다

051017

숲길 · 6

숲길 안쪽 깊숙한 곳에
불도저가 들어왔다

뼈와 살이 긁히며
한라산 자락 성한 살이 아파, 아파!
엔진소리도 함께 신음한다

평당 30만원이 갈아놓으면 80만원이 된단다
훗날 오면 이 숲길도 오늘 모습 아니겠다

감국이 피려다 쓰러져 나뒹군다
아가야 좋은 데 이사 가자
몇 뿌리 거두어 들고 돌아온다 051027

숲길 · 7

노란 감국이 피었다
봄내 여름내
주인공들 끊임없이 바뀌는 사이
없는 듯 자라다가
오늘 '나 여기!' 외친다
먼저 나섰던 식구들은
자리 선뜻 내어주고, 소리 없이
들러리로 여윈다
숲은 사랑스런 공동체다 051024

숲길 · 8

꽃으로 말하는 나무들이 있다
그 다음에는 열매로
가을까지 기다려
잎으로 말하는 옻나무 단풍
그래서 오늘도 찬란한 숲길이다　　　　　　051103

숲길 · 9

자잘자잘, 아낙네들의 이야기 소리
귤밭 사이로 들리는 제주 농번기
이 때는 아이들도 방학을 한단다

따도 따도 노란 귤밭
떽떼구르르, 귤 한 개가 숲길로
인사 나왔다 051106

숲길 · 10

나설 때 나서고
물러설 때 물러서는 모습이
오케스트라 연주회장 같다
느릴 때 다같이 느리고
빠를 때 다같이 빠르고
지휘봉 끝을 놓치지 않는다
최선으로 자기 몫에 충실하며
하마 방해될까 저마다 숨을 죽인다
숲길은 목하 오케스트라 연주 중이다　　051116

숲길 · 11

슬프다
헤어지는 때가 올 것 같다
미리미리 슬프면
때 오면 안 슬플까?

너도 가고 나도 가고 제주는 남는다
숲길에 유채꽃 순들이 올라왔다
모아둔 씨앗
어서 가서 뿌리자 051125

숲길 · 12

숲길 깊숙한 곳 새 터에
동백 70그루 울타리에 옹벽을 쌓는다
돌담 틈새를 혼자 메우는 사람
돌담 쌓는 재주, 저 뜻 모를 동작으로
제주 돌담이 튼튼하다

"나는 이 세상을 움직이는 사람은
마트 스완슨 같은 희생자들이라는
귀중한 교훈을 잊어본 적이 없다."(스콧 니어링)

051127

숲길 · 13

첫눈!
설렐 틈도 없이
폭풍 한설
하루 만에 느닷없이
깊은 겨울이다

울타리 삼나무가 매몰찬 바람에
마른 가지 두루두루 손질하여
숲길에 소복이 쏟아놓았다
이발소 다녀나온 아저씨처럼
넥타이 매고 나선 신사처럼
말쑥하다

먼 옥빛 바다에
높은 파도가 하얗게 인다 051205

숲길 · 14

어둡고 강풍 부는 오늘 같은 날
나의 숲길은 안녕하신가
보러 길을 나섰다

모두 휘고 있었다
그러면서 하는 말
　　견뎌내야 해

견뎌서 살아남아 숲길이 지켜진다 051221

숲길 · 15

숲길 하얀 길
새들이 지나간 발자국
왔다 갔다
숲길 하얀 길
눈 녹는 아침

어제 동지팥죽 나누어주던
원혜 스님이 숲길에 나왔다

속이 안 좋아서 풀릴까 하고 나섰어요
늙느라고 그런대요

늙기야 하루하루 안 늙는 사람 있나요
햇빛 난 숲길로 우리는 헤어져 멀어져 간다 051221

숲길 · 16

뽀드득 뽀드득
눈길 위에 새 발자국 총총
새가 지나갈 때도 이 소리가 났을까?

조용한 감귤밭에 아직 몇 개 달렸다
따러 가도 좋다

심심하게 날리는 눈
오늘 숲길 주인공은 눈이라 하자

푸르청청 대나무 온몸을 흔들며 인사한다
안녕!
나도 흔들며 인사를 보낸다 060107

숲길 · 17

나무 이름 다 못 배우고
풀 이름도 다음해 보자 했더니
다음은 이제 없다
아쉬운 것 이뿐이랴
시간 흐르니 삶도 흐르고
나는 여기 서 있을 수 없다
들르면 함께 차를 마시던
스님 자리도 비었다

그만하면 됐지 하니
그도 그렇다
다음 피는 꽃은
다음 사람 차례다
아직 오지 않은 휘파람새 소리도
물려 드리오

060124

숲길 · 18

죽림정사 나의 스님
살짝 눈 붉히며 하직인사
　　혼자 사는 이들은 건강해야 해요

11, 1112,* 교래리,
나는 정석비행장에 갔습니다
혼자 갔습니다
대록산 오름에 올랐습니다

가시 삼거리 오뎅 맛보고 길 물어,
따라비오름 언저리 돌다 왔습니다

성읍2리 마을 지나 넓은 목장 안 좌보미오름, 오름,
오름,
백약이 오름, 소황금 꽃밭 자리,
1112, 97,* 길섶 나그네 들깨죽, 봉개동, 귀가

다른 이들 함께 갔어도
오늘은 쓸쓸했을 것입니다 060127

* 11, 1112, 97은 제주 도로 번호.

숲길 · 19

마지막 아침,
서리가 하얗게 내렸다
새 한 마리 빈 가지에 앉아
지줄재줄, 입이 터질 듯하다

여기는 등심붓꽃 자리, 저기는 졸꿩의다리
보랏빛 유채꽃 자리, 실거리, 억새길
여기는 산딸기 숨어 익어
새들이랑 나누던 자리

또 한해 열심히 가자
너희는 여기서 허고, 나는 저기서 마씨* 060202

* 제주 사투리. '너희는 여기서 하고, 나는 저기서 말씀이야.'

지네스트라Ginestra

너 Ginestra
우리나라 오죽烏竹에 콩꼬투리가 맺혀
노란 콩꽃을 피웠다 하면
모습은 대강 그린 셈이다

수수한 모습
산 비탈 어디에나 늘어서 있고
강해서 겨울도 견딘다는 너 Ginestra에게
그 맑은 향기 있을 줄 나는 몰랐다

들녘 공기를 향기롭게 하는
이 숨은 주인공에서, 고향 내음
어머니를 느꼈다

오종종 달린 씨,
씨를 받는 농심農心
나치스 감옥에 곡식 낟알을 품고 들어온

농촌 여인네를 영화에서 보았지

생명, 모든 생명 뒤에는 언제나
애타는 어머니가 있고, 아버지가 있고
창조주 하느님, 그 본능의 사랑이 있다 1999. 로마

난향蘭香

난향을 접하면 부끄럽다
울고 싶다
어디 어떻게 놓였어도
자기 자신인 게 부럽다

2000.

연길延吉에서

작은 새들의 지저귐이 들을 채우는 음악이다

그리고 그분은 그림을 그리신다
날마다 넓은 들에 색칠을 더하시고
구름을 그렸다 지우시는 넓은 하늘 화판에
해와 달, 별들이 총총 다녀간다

윤동주가 별을 헤었다
별을 헤지 않을 수 없었다
사방으로 탁 트인 맑은 밤엔
아우 같은 별들이 어제처럼 여전하여
나도 별을 헤어본다

별을 함께 바라볼 이 없어 쓸쓸한 날엔
시를 쓰는 수밖에

한성漢城, 연길延吉 매한가지 하늘인데
흐려놓고 그 하늘 이고 사는
한성漢城 쪽 사람들은 그래 행복한가?

"니 하오?",* 단순한 이 한마디로
무심하던 얼굴들이 환히 빛날 때
인간은 언어의 동물! 새삼 눈물겹고
중국의 하늘도 아닌 산도 아닌
그 심장을 만져본 듯 대단해진다 020616

* 중국말. "안녕하세요?"

작은 초

키 큰 초보다 작은 초가 좋더라
긴 시간 묵묵히 자신을 태우는 모습
후회하지 않고 마저 태우는 모습
키 큰 초보다 작은 초가 좋더라

031128

꽃만을 그리던

— 정상화鄭祥和 추모시

지상의 집 허물고
하늘로 날아가 예쁜 집 받았느냐
상화, 널 보내려고 내가 대전으로 왔느냐
해줄 일이 보내는 일
장례미사 노래나마 곱게 부르랴
목이 메어 책장을 덮는구나

왔다가 함께 갈 수는 없을까
누구 남고 누군 먼저 아니 가고
다 함께 떠날 수는 없는 것인가
고얀지고 운다, 나의 고운 사람아

꽃만을 그리더니 서둘러 가는구나
네 영정 앞에 오늘 울지만
울음 그친 내일에는
없는 사람 쉽게 잊으리 또한 가슴 아프다

040423 대전

내변산 하산길

졸참나무 굴참나무 세며 세며 간다
남은 거리 좁아지고 남은 날도 적은데
바쁘지도 않은 길을 쉬지 않고 간다
"Time to say goodbye" 사라 브라이트만의 감흥으로
이별 연습하며 돌아 돌아 간다

"어이! 소리 고만 질러! 산 무너져!"
등산객 고함 소리, 함께 웃어주고
직소폭포! 멈춰 서서 감탄해 주고
물 만나면 물장난 빠트리지 않으며
굴참나무 졸참나무 다시 세며 간다

"Time to say goodbye"
굴참나무 예쁜 무늬 다시 더 보고
갈참나무 졸참나무 세며 세며 간다

041115 대전

심심한 시간

심심한 시간, 이층 창가에 서서
밖을 내다본다
어느 곳을 보아도 심심한 풍경
하얀 길에 소라색 모시치마가 움직이고 있다
내 마음의 미동만큼 한가로운 걸음

조용한 한낮, 심심한 하늘 보는 아가들이 있고
졸고 앉은 바나나 장수 있을까?
어린 날 동무와 앉아 세집기 네집기 하던 길은 조용했었다

세집기 네집기 방해하는 구루마도 없고
개구쟁이 소년들의 전쟁놀이도 없었다
검은 무명치마에 따스한 햇빛, 마알간 대낮

땄다 빛졌다 내 집엔 돌이 닳고
열 손가락 손톱이 닳았다

세집기 심심하면 네집기 하자
또 심심해지면 다섯집기
손이 넘친다, 다시 네집기

담담히 앉아 따고 빼앗기다 해가 기울면
무명치마 손 털고 단발머리 흔들며 집으로 간다
저녁 안개 내리는 길에 흩어진 공깃돌
내일은 다른 아이 집의 보물이 된다
꿈에서도 우린 가끔 양지에 앉아 공기를 했다

심심한 길에 회색 구름
좀 있으면 소나기가 퍼부을까
심심한 생각도, 세집기 네집기
어린 날의 추억도
함께 씻겨가겠구나

1960. 7. 7. 서울

2부

작은 연못

2006~2008, 대전 나자렛집

빈 택시

이른 새벽 텅 빈 거리에
손님 없는 빈 택시가 돈다
오래 돌진 않았을까

기사의 어깨에 얹힌
고단한 가족의 생계
내 마음 무거워진다

작은 연못

새들이 물 먹으러 찾아오겠지
개구리 울음 소리도 들리겠지

뜰 한 구석 깊게 파고
플라스틱 특대 그릇 심었다
흙 조금 넣고 물 채우고
돌 몇 개 둘러놓고
만세
물옥잠을 띄웠다

보는 이 저마다 한 마디씩 한다
누구는 개울에서 송사리 잡아 온단다
작은 연못이
아이 어른 없이 꿈을 꾸게 한다

야리마

기차 타고 가다가, 초록으로 무성한 산들이 눈에 들었다. 묘 하나 없는 자연 그대로의 야산이 잠시 이어졌다. 지구상에 인간이란 종이 태어나지 않았더라면 세상은 저랬겠지. 크고 작은 식물과 크고 작은 몸 벗은 동물들이 세상 누비며 살았겠지. 머리 세포 몇 개 다른 인간이 태어나, 아파트 숲, 아스팔트 거리, 로드 킬 고속도로… 아찔! 인간 종인 내가 조금 미안해진다.

베네주엘라의 야노마미 족은 공기와 태양으로 옷을 입는다 한다. 어느 선교사가 메달 하나를 달아 주고 싶은데 달 데가 없더란다. 뗏목을 타고 오리노코 강을 하염없이 거슬러 저어 정글 속으로 들어간, 자연 속의 자연이 되어 돌아간, 야노마미 족의 야리마, 그의 행복지수는 이 지구상 그 누구보다 높았으리라.

몽골 양치기 잊을 수 없다

초원 낙조 보러 나갔다가 양치기 소녀를 만났다
몇 살? 14살
몸짓으로 통한 언어다
내 이름은 임, 네 이름은? 조다

조다는 말을 타고 182마리의 양을 쳤다
내가 말을 타려 하자 사뿐 내려 날 태워 올리고
제법 자애롭게 고삐 잡고 앞장섰다
몽골 초원도 좋은데
순한 말을 타고 타박타박 저무는 들녘을 걸었다

양을 우리에 함께 넣고
헤어질 때 조다를 안아주었다
뒷모습이 늠름하다
가다가다 돌아보며 손을 흔들었다

14살 소녀 양치기 조다
칭기스칸 후예의 혼을 지녔나
사랑스런 조다, 늠름한 조다
가물가물 보이는 게르*를 향해, 내일을 향해
흐트러짐 없이 멀어져 갔다

보고싶다

* 게르: 초원에 있는 몽골 유목민들의 둥근 집

흔들리는 그네

그네가 혼자 흔들리고 있다
떠들썩 힘차게 구르다 갔다
혼자 남아 나직이 흔들리고 있다

혼자서 마저 놀고 있다
즐거웠던 시간의 여운
다음에 또 온다는 약속을 믿는다

별

별 이야기 나오면 나는 눈이 번쩍 뜨인다
어느 강아지도 책을 보다가
뼈 얘기가 없다고 재미없다 했다지

별, 달, 행성 이야기가 단 한 마디만 있어도
즉시 나는 평가를 달리하려 한다

시편에 묘성과 오리온이 나왔군
월든 끝 문장에, 태양이 아침에 뜨는 별일뿐이라네
초승달 그믐달 구별 못한 삽화는 삽화도 아니고
11월 사자자리 유성우를 알면 초면에도 지기知己
아인슈타인이 별을 볼 때마다 놀라움과 겸허함으로
새로워졌다 하여 더 존경스럽고
어두울수록 잘 보이는 것이 별이라 하던 음악프로
담당자
딴또*를 탄토라 발음했어도 나는 탓하지 않았다

별들을 그저 바라보는 이
바라보지 않는 이
하늘의 별들로 신이 나는 이들
그분 주신 같은 하늘 이고 산다

* tanto

고들빼기 꽃밭

제주 유채밭에 비기랴만
노란 고들빼기 꽃밭
철조망 안이 환하다
보랏빛 지칭개는 듬성듬성 들러리

콘크리트 담 틈에도
찬란한 고들빼기 한 포기
훌륭해!

상큼한 꽃 지고 나면
하얀 솜꽃 날리겠지.

성체분배 감동

누구나 온다
주님 주님 부르며
채워지지 않은 오늘도 두 손 모아들고
한 주간 약속에 나아온다

누구나 맞으신다
넥타이 신사, 첫 영성체 꼬마
허리 굽은 할머니, 먼 길 온 트럭기사…

그래요 그래 반가워요 어서 오시게
내가 다 알아요, 알아
나는 부자이면서도 가난한 아비
나의 전능은 때로 시간이니
조금 더 기다려 줄 수 있겠나

네, 주님 하오나 눈물로 비오니
이들 마음 이들 소원 크게 들어 주소서
성체분배 하는 내가 청하고 있다

3부

왕국의 백성

3부 1장

새들의 언어

2009~2010, 광주광역시 청소년수련원

육화肉化

그가 나의 하느님이시면
이 땅으로 육화하지 않으실 수 없었다

내 이름자 하나도 그립고
그 어느 날, 하나 되는 일은 죽음
그래서 나는 죽음이 두려운 일이 아님을 안다

내 강아지 내 노래 하나에도 무심치 않으시리
하늘나라 땅나라 만세
그가 나의 하느님이시면 090213

안 놀아

개구리 노래 소리가 들려요
모내기 비가 오더니
가까운 데 어디 물 고인 데가 있나 봐요

새 소리 듣는 뒷산에 올라
노린재나무 때죽나무 좀작살나무 둘러보다가
호랑지빠귀와 눈이 딱 마주쳤어요
나 이리 행복해도 되나

너하고 안 놀아
새와 풀과 노는 아이
너하곤 이제 그만 놀아

누가 그런대도
탓하지 않을래요

090517

새들의 언어

새벽에 창 열고 귀를 세우면
새들이 말을 걸어옵니다
못 알아 들어도 그만이라 하며 말을 걸어옵니다

까치 물까치 호랑지빠귀 꾀꼬리
청딱따구리 소쩍새 뻐꾸기 흰배지빠귀…

깊은 산속 예쁜 꽃
보아 주는 이 없어도 되듯
새들의 언어
알아 못 들어도 그만이랍니다

저마다 목숨의 한 자락에 충만하니
이것만 알아주면 된다 합니다 090531

두 세상

이 소리 너는 누구냐
이리저리 뒤졌더니 두견이다
8월까지 운다 하니 아직 더 듣겠구나
새 소리 찾는 이는 외로운가

하늘 밑에 두 세상
한 모세 율법을 두고도
바라빠에 손을 들던 군중도 있었구나*

네 지도地圖 정확한지 의심해 보고
내 의로움 진실한지 솔직해 보고
두견이 노래에 족해도 보자

절망은 금물
패배인 듯 승리하신 그분 계신다 090604

* 마르 15,11

기도하는 촛불

운주사 와불 가는 쪽다리 아래
맑은 물 흐르는 너럭바위에
누군가 촛불 켜고 기도하고 있네

폭포 같은 촛농을 치마폭에 담으며
돌아앉아 한나절
녹아내리네

바라는 것 많아
소원하는 것 많아 090702

고속 도로

영嶺 너머
사랑하는 사람들이
살고 있어요

무얼 해도 고운 사람들
말이 없어도
들리고

눈빛 그윽하여
길이 나고 차가 달려요 090807

1번 국도

1번 국도 목포 ↔ 신의주
한때 1번도로, 활기차던 의주로
가다가 섰다

내 소원 하나는 이 길 타고 평양 가서
백두산행 갈아타고
올라가 그 푸른 정기의 천지天池를 보리라

하늘 멀리 돌고 돌아 연길까지 가서
해발 2,750 올라섰더니
하!
창바이산長白山*이라니

1번 국도 살아라
백두산白頭山 가자

090827

* 창바이산: 중국 쪽 백두산 이름

청원 기도

아우가 누웠어요 일어나라 하세요
앞서거니 뒤서거니 세상에 왔어요
비옵나니 그렇게 돌아가게 해 주세요

이제 조용하고 공기 좋은 시골로 가렴
작은 마당에 닭 두어 마리 치고
채마밭 꽃밭 조금
산산한 바람 따스한 양지
하루가 새 하루가 고마운 날에
붓 끝에 영롱한 시를 맺고
파스텔화 부드러운 네 그림을 그리렴

"이 인간에게 하느님이 계실 줄이야"
감격할 줄 알던 이
시골 성당 사무장이 꿈이던 이
돌아보아 주세요 당신의 이 사람 091231

그림

꽃피는 시골
채마밭에 엎드려 벌레 잡는 주인 보러
어려운 짬 쉽게 내어
종종 걸음 찾아가는
꿈같은 그림 100422

성묘

양지 바른 용인 묘원 두 분 나란히 묻히신 곳
흠 없이 키워 주신 6남매 성묘 왔다

비석 하나에
아들딸사위며느리손자손녀 이름 거느리시고
바람 소리 새 소리 평화로운 곳

봉분에 피는 풀꽃들
앉아서 소곤소곤 무슨 얘기 해 드리나
따다가 압화押花하여
생명을 끼쳐 받은 이름들과 나누자

우리 이제 무엇 할까 무엇을 해 드릴까
두 분의 바람 우리들의 바람
흰 돌에 새겨진 새 이름* 보기 100423

* 묵시 2,17 참조

아카시아 꽃

— 故 이행일 마르티노를 기리며

어렸을 때 아카시아 꽃 피기만을 기다렸어요
배가 고파서

아카시아 꽃 피기만
아카시아 꽃
아!

배가 고파서 아카시아 꽃 피기만 기다렸다는
그의 유년 시절 추억을
나는 차마 듣는 척하지 못했다

원망을 모르던 지상의 천사
누군가라도 대신 원망하고
나는 울고 싶었다 100521

태안 내리 땡볕

아직 남은 여름
붙들어 잡자

봄에는 꽃
가을에 단풍
겨울에 눈

여름에는 땡볕이다
땡볕 길 걷자

습한 이불 내어 널듯
뼛속까지 말리자
땡볕 길 걷자

100818

3부 2장

어머니의 시계

2011, 강원도 풍수원 창촌공소

어머니의 시계

어머니의 시계가 멈췄습니다
어머니의 시간이 멈췄습니다
크로노스 카이로스*

태엽 감는 시계
크로노스라 여기고 태엽을 감았더니
가더니
도로 카이로스가 되었습니다
사진 곁에 어머니의 시계
멈추지 않는 절대시간

어머니 기다려 주세요 111121

* 시간을 뜻하는 두 가지 말, 물리적 시간인 크로노스와 특별한 의미가 부여된 시간인 카이로스

시인의 창

창 하나 있어야 하리
가난한 시인에게 창 하나는

없으면
벽이라도 뚫어서

비 오는 날 흙 내음
낙수 지는 모습
땅에 떨어져 방울방울 원 그리는 모습

비 맞고 좋아하는 나무도 보고
번쩍번쩍 달려오는 번개도 보고
뒤따라 지르는 천둥소리 듣고

새 한 마리 스쳐도 고맙고
돌담 틈의 다람쥐와 눈도 맞추고
밤에는 북극성 드는

오늘
작은 창
족한 시간 110419

한국가톨릭사史 뿌리

산괴불주머니 애기똥풀 피니
개나리보다 고운 강원도의 봄이 왔다
나물 캐러 나서니
민들레 꽃 피나물 꽃 발 디딜 틈 없다

오늘은 봄비
맨땅에 잔비 내리는 모습이 좋고
처마의 낙수 소리 잔잔한 음악이다

공소 산골 더디 온 봄에
저마다 크게 작게 농사가 있어
일손 바쁠 때 주일 건너뛰다가
궂은 날은 쉬는 날
공소수녀 방문 가기 좋은 날

무명 순교자 후예가 구워 팔던 옹기도 보고
대대로 지켜온 신앙 내력 구슬을 꿰면
창촌공소* 역사歷史가 써내려 지고
숨었던 성인전도 나온다

한국가톨릭史 뿌리가
공소에 있다 110419

* 강원도 풍수원성당 창촌공소와 수녀원 3 · 1절

새들은 숲에서 거저 살지 않는다

오디도 주고 버찌도 주고
숲은 새들의 소리를 거저 듣지 않는다

높은 나무에서 노래하는 새
가지들을 두루 살살 방문해주고
목청껏 숲 전체를 흔들어 채워준다

숲은 새들의 소리를 거저 듣지 않고
새들도 숲에서 거저 살지 않는다 110620

새들의 노래

새들이 운다고?
노래하지
오페라 아리아다

웃는지 우는지 노래하는지
들어보면 알지
새들이 눈물을 흘린다 하면
가슴이 미어진다

큰 새일수록 말수가 적다
짐승에 가까운가

가볍고 작을수록 곱게 우짖는다
혼자 듣기 아까워라 새들의 노래 110701

쓸쓸함 다음

— 아우에게

가을비를 맞으며 코스모스가 졌다
… 쓸쓸함이란

어느 전투 어느 장한 시간의 다음이기도 하면
이는 훈장과 같지 않을까

이 또한 생명의 한 자락
찬란한 것 아닐까

비를 맞으며 들풀도 이운다
한 해 손질
힘을 갈무리한다

아우야 기도하는 사람아
주신 희망을 노래하러 가 보자 110930

혼자 가는 길

숲에 가서 나무에 기대니
나도 한 그루 나무다

곧게 자란 줄 알았더니
굽은 데가 많다

혼자 걸어 나와 혼자 걸었다
크고 작은 나무 사이 비집고 걸었다

옆 나무가 손 한번 잡아 주지 않았다
실은 나도 잡아 준 적 없다 혼자 가는 길
어느 날 돌아서려면 끝나 있을 길

어머니도 손 놓으시고 혼자 가셨다 111004

수확

거둔 것이 수확이면
잃은 것, 상실도
수확

님이 주신 선물
발걸음도 가볍다 111222

3부 3장

성요셉 휴양소

2012, 이탈리아 닛자 체험

성요셉 휴양소*

여기 지금, hic et nunc**
오늘 하루 평화로이 저물어 보내기
이를 배우는 일이 눈물겨운 곳

FMA 공통 성소聖召를 서로 값지게 존경하니
지난 일들은 자랑이 되지 않는다

하루를 살랑살랑 손 흔들어 보내고
내일이 선물로 또 찾아오면
이른 새벽 제대에 다시 촛불을 켠다

단정한 몸차림 아장아장
굽은 허리 아니 펴고 정복淨福의 계단
야곱의 사다리를 오른다

* 성요셉 휴양소: 이태리 닛자에 있는 옛 수련소
** hic et nunc: 라틴어로 '여기 지금'이라는 뜻

브루나 언덕 묵은 역사의 성요셉 뜰에
환희의 풀꽃 여전히 피고
대대손손 비둘기 가족
창틀에 옛 버릇 둥지를 틀고
한 쌍의 새 생명 세상에 데려오니

귀한 어른들 미소가 환하다 120324

영원 같던 인연들

참으로 부자이던 시절
부모형제
늘 기도해 주신 고운 이모님
청정한 삶에 사는 제자라 자랑하신 은사 시인*
오랜 친구들이 교수도 되고 영세도 하고 엄마도 되고

세상에 부러울 게 없던 시절
영원 같던 인연들
아름다운 음악과 눈물이 있었고
미운 이가 없었고
기다림이 있었다

별 꽃 새들을 몰라도 좋았다

* 정한모 시인

가고 가고 더 가니 나는 가난한 사람
가볍디가벼워져서 깃털처럼 날아가
나는 다시 그들 곁에서 부자가 되겠다 120912

어머니의 기도

어머니는 어디라도 빌고 싶었습니다

성황님 부처님
장독 위에 정화수
절기마다 시루떡
어디라도 빌고 싶었습니다

듣고 계신 분은
어디라 나무라지 않으셨습니다

어느 날부터는
날마다 밤마다 묵주알을 굴리셨습니다

어머니 아닌 제가
따를 수 있겠습니까 120924

동방 박사

별을 좋아하는 이
별이 나온 글에 밑줄을 긋는 이
별이 보이는 곳에 살고 싶은 이
이 별난 사람은 외로운가

그는 바로 동방 박사
내적으로 채워지지 않아
보배 싣고 길 나선 현자賢者 지자智者

희망의 사람
구원을 찾는 사람
자신을 넘어 멀리 나서는 사람
진리를 찾는 사람
참하느님을 찾는 사람
철학을 하는 사람
지혜가 지식의 메시지를 건강하게 하는 사람

아는 것에서 통합에 이르는 사람
모든 세대에 앞서가는 사람*

발코니에 큰개자리 시리우스
자다 말고 나가서 별을 바라보며
목마른 이유를 알겠다 한다 121201

* 베네딕토 16세, 《예수의 어린 시절*L'infanzia di Gesù*》, p.131 참조

고국

귀국이 결정되자 생각이 바쁩니다
어느 집 누구들과 살더라도
부모님도 이미 아니 계신
고국이 새삼 그립습니다

명절 되면
밀리는 고속 도로 소식만으로도 고향을 가고
누군가와 함께 김치 먹고 냉면 먹고
꽃씨 뿌리며 시집을 빌려 볼
새소리 다시 들을

닛자가 내 생의 종점인가 했는데
이국異國이라 하며 불러들이는 건
역시 고국이었습니다　　130106

나와 너

2013~2016, 돌아와 제주 성이시돌젊음의집

노루가 온다 하니

처마에 빗방울이 모여 작은 시냇물
낙수가 되었다
모여라 혼자서는 흐를 수 없다
모여서 흐르면 바다까지 간다

더 작은 냇물은 눈물
슬퍼도 기뻐도 우리는 울지
시를 쓰는 순간처럼 행복할까

눈이 녹더니 비가 되었다
뒤뜰 언덕으로 노루가 온다 하니
우선 깨끗이 창부터 닦자

130217

산천유구山川悠久

산천유구
장성 댐도 여전하고

차창 밖 스치는 산야
들풀 보풀보풀 바람에 누웠다 함께 일어서며
가슴에로 다가와 인사를 했다

밀라노 말펜사 귀국공항 길에
눈 덮인 명산 몽블랑*도 덤덤했더니

개콘**은
문화 공백 1년을 메꾸어주고

비단결 마음씨 우리 이모님
생전에 한 번 더 보게 해 달라고
하루 빠짐없이 성모께 기도하셨단다

이모님이 불러들이셨군

아우의 말이다

유구산천 다시 고국 품

일곱 번 넘어져도 다시 일어나***

풀꽃들의 이야기 마저 듣는다 130428

* 몽블랑: 토리노 북부 명산

** 개콘: 개그 콘서트

*** 애니메이션 〈개구리 소년〉 주제곡

나와 너

돌밭 일구고 씨 뿌리니
가을까지 환하게 백일홍이 웃는다

가꾼 만큼 응답한 너는 내 시간의 일부이니
어디까지가 너이고 어디까지가 나이며
그이라 하면 그는 과연 누구냐

해외 가면 코리안은 무조건 형제이고
우주여행 가는 날엔 지구족族 모여라 할 터인데
오늘도 너다 나다 패만 가르랴

제주는 바다를 건넜어도 고국
바다 하나 사이로 하늘 바람 청명하니
나 홀로 여기 신선이라도 되었을까

나를 향해 피는, 내가 가꾼 백일홍은
너일까 나일까 130927

비구

길상사 진영각
비구 법정 진영比丘 法頂 眞影 앞에 마주 섰다
내리 뜬 시선이 많은 말을 했다

몰일 2010.3.11.
조계종단은 그날로
대종사大宗師 법계法階를 수여했다

생전에 못 준 이유는
신중인가 부러움인가
이제 그들도 해방되었을까

그가 웃는다
가장 높은 법계는
비구라 한다

수녀修女라 한다 140927

브루흐 협주곡

창밖에 삼나무 숲이 있습니다
높은 가지에
작은 새 날아와 노래했습니다
어느 순간 아뿔사
아래로 급히 떨어졌습니다

강하降下했을 뿐
작은 새는 다시 앉아 노래합니다

막스 브루흐가 이 장면을 보았던 게 틀림없어요
그 긴장 다음의 안도를
바이올린 협주곡 2악장에 받으니
자랑스러운 그의 음악이 되었습니다 150424

왕국의 백성

나는 그분 왕국의 백성입니다

금성 화성 목성에 그 고운 별자리 오리온 하늘
이를 내시고도 자랑이 없으신 우리 멋진 고운님의
작은 백성입니다

백성을 자녀라 하시고
임금을 섬기는 제관도 되게 하셨습니다*

무한 크기도 하면서 또 아주 작은 왕국
천만 대군 거느리시고도
음성이 때로 들릴 듯 말 듯

주신 자유 가지고 훌쩍 멀리 집 떠난 자녀도 있어
길목에서 오래 기다리십니다

새벽 일찍 외로이 무슨 기도 하셨을까**
죽음의 가스실 앞에서 발 동동 구르시며
사람은 어디 있나 사람을 찾으셨을

그 임금에 눈물겨운
나는 한 어린 백성
이 고운님을 나는 어찌할 줄 모릅니다
아도로 에르고 숨(Adoro ergo sum)***
나는 흠숭하므로 존재합니다 160113

* 묵시 1,6 참조
** 마르 1,35 참조
*** Cogito ergo sum(나는 생각하므로 존재한다)에 대한 나의 패러디

4부 목마름

4부 1장

목마름 1

2016, 제주 성이시돌공동체

낙엽 지는 날

한 무리 호랑나비가
떼지어 바람 부는 쪽으로
날아간다

라고 나는 말할 뻔했다
낙엽 지는 날에

한 해 목숨 꼭 붙어살더니
이제 손 놓고 훌훌 어디로 가나

썩어 다음들의 양분이 되리니
빗자루 들어 쓸 일도 없네

낙엽 지는 날
그 한 닢에 나를 얹고 싶다 161024

저녁시간

하루를 마치는 아니 시작인 시간
성무일도에도 제1저녁기도가 있지

내일은 축일
약속과 기대를 안고 오는

잠깨면 저 세상 첫날일 수 있고
이 밤에 올 꿈은 이 두 세상 어디쯤일지 모르지만

내일은 역시 선물
설레임으로 열리는 축일

그분도 밤새워 기도하셨다* 내일을 위해
저녁시간은 움 지닌 시간

* 루카 6,12

노년처럼

새벽을 잉태한 161028

무표정

수도자입니까
어머니입니까
무늬만입니까

자신을 배신하고 사는 일은 슬픕니다　　　　161223

우주 평화

노루가 풀밭에 와 마지막 숨을 몰아쉬고
편안히 촉루髑髏로 누웠다

밤하늘 어느 별에서 네 혼은 바라볼까
고른 숨소리 들릴 듯하다

같은 땅 같은 공기 같은 비를 맞은
동시대의 생명, 너는 내 형제

우주의 사다리 이제 올랐느냐
마지막 숨 몰아쉰 여기 네 평화를 본다

생명에 박힌 죽음
죽음에 박힌 생명

우주 바퀴 속에 우리는 하나다 161227

사랑이 추억

"사랑이"
대전 나자렛집 3년의 강아지 이름

풀 섶에 낳은 새끼들을 나자렛집 아이들이 찾아내 좋아라 품에 안고 들어올 때, 어미는 대책 없이 따라오며 슬프게 악을 썼지. 도망만 치더니 밤에는 몰래 와 젖을 먹였지. 날마다 조금씩 거리 좁히더니 드디어 목줄 잡혀 한 식구가 되었다.

어린 것들 분양되어 나가는 모습 지켜보더니, 자신은 충성스런 수문장이 되었다. 산책 때 목줄 잡고 나서는 사이 정이 들었다. 산책 낌새만 있어도 미리미리 두 다리 치켜들고 환호를 했다. 보문산 언덕 숲길에 손을 놓으면, 줄을 단 채 숲 사이로 내리달려, 신나게 꿩들을 놀래킨 후, 뒷일 보고 깔끔히 뒷발질로 덮고, 어디쯤에서 의기양양 주인에게 돌아와 줄을 잡혔다. 그의 하루 중에 아마 가장 기쁜 시간.

어느 날, 그 어디쯤에 보이지 않았다. 길을 잃었구나! 숲 사이로 "사랑아! 사랑아!" 외쳐 부르며 기도하며 가시덤불 사이를 애타게 헤맸다. 드디어 어디선가 낑낑 소리가 났다. 있었다! 덤불에 돌돌 줄이 말렸다. 헤쳐 들어가 풀어주니 몇 번이나 가슴까지 기어올랐다.

그 집을 떠나오고 세월이 가고 그가 갔다는 소식이 들렸다. 무덤이 남았다 했다. 찾아갔다. 언덕 위 무덤에 나뭇가지 하나 꽂혀있었다. 무덤! 무덤이라도 남아주어 고마웠다. 나는 말했다. 사랑아 너는 천국에 있거라!

170212

4부 2장

목마름 2

2017, 제주 신성공동체

민들레 뜰

민들레 꽃씨를 받는다

“시인(詩人)할까 농부(農夫)할까”*
민들레 뜰 꿈꾸던 주용일 시인
세상 떠나 그 꿈을 내가 물려받는다

땀 흘려 돌 골라내 새 뜰 계획 세운다
민들레 토끼풀 씀바귀 천수국 아주가 어성초 금창초
낮달맞이 꼬마달맞이 황금달맞이
너희는 남아도 좋다

주어낸 돌 모아 배케**를 쌓고
풀꽃의 생명력,
갈아도 엎어도 죽지 않는 희망을 빈다 161227

* 주용일 산문집, 《시인할래 농부할래》
** 배케: 제주 방언, 밭에서 골라낸 잔 돌로 된 탑

순교자와 접시꽃

나는 접시꽃이 좋다. 시들면 고이 접어 발아래로 내린다. 다퉈 피던 봄꽃들이 거의 가고 난 여름철에 시골로 갈수록 고샅고샅 각색으로 반긴다.

시든 꽃 달지 않는 정갈한 꽃들. 무궁화, 능소화, 부용, 동백… 처음 필 때 산뜻한 장미는 하나 둘 시든 꽃이 달리면 지저분해지니 언젠가부터 나는 장미에 욕심이 없다.

프랑스의 순례지 곳곳에서 접시꽃을 보았다. 이 나라 사람들도 사랑하는 꽃! 한국선교 나온 순교성인 10위 유적지마다, 리지외 성녀 데레사 생가 뷔쏘네에도, 고이 키운 접시꽃이 반겼다.

접시꽃은 순교자의 삶 같다. 생명에서 죽음으로 건너가는 파스카. 삶과 죽음이 하나라는 듯하다. 순교성인 《성 오메트르 신부의 편지》*를 읽다가 마음이 아팠다면 내 부족한 신앙 탓이다. 오늘 하느님 품에 살다 그대로 그 품으로 가면, 젊은 나이로 휘광이 칼날을 받은들 서러운 일이랴.

160714

* 윤민구 신부, 박희균 공역

한국인

전철 안의 당신들
어느 누가 전형적인 한국인이신가요

중국인 일본인 베트남인 필리핀인 각기 인상 있는데
한국인의 얼굴은 누가 대표하시나요
그저 모두 한국인이신가요

이태리인 프랑스인 오스트리아인 독일인 구별 안 되죠
날 보고 일본인 중국인 요새는 베트남인이냐 묻기도 하지만

한국인입니다
결코 남의 나라 사람이 아닙니다

세계대전으로 국경선이 정신 없이 옮겨져
하루아침 국적이 이리저리 바뀌어도
뿌리는 결코 못 잊던 크고 작은 나라 사람들을
나는 알고 있어요

드보르작
미국 체류 때의 현악사중주 12번 〈아메리카〉는 그 감미로움이 놀랍지만
13번 조국 체코에 돌아와서는 활기가 넘쳤습니다

170803

고마운 여름

땀이 물흐르듯 하지만
여름도 괜찮다

푸른 하늘 흰 구름
접시꽃 무궁화 능소화 백일홍 배롱나무 문주란
두견이 소리 아직 더러 있고 매미소리 시원하다

감, 석류, 귤, 금귤, 레몬, 무화과
울안에 열매들이 땡볕에 영근다

은행나무집은 은행 털 때 연락 준다 했고
대추나무집에 어린 묘목을 청했더니
심지 말고 익으면 따가라 했다

이런 이웃들 있는 곳
고마운 여름이다 170804

여행가방

집 바꿀 때 쓰는 큰 여행가방
장위에 먼지를 고이 쓰고 있다

네가 소용없을 큰 여행 하나 있지
그 여행에 너는 쓸모가 없다

사람 이름, 꽃 이름, 曲 이름이 잘 안 떠오르고
묵주도 잘 잃어 이리저리 뒤진다
비행기 수속 마치고 기내에 올랐는데
신분증이 여기도 저기도 없다니

마지막 날
꼭 해야 할 것 두고 황망히 떠나지 않기를
돌이킬 수 없는 무엇, 작은 和解라도
이미 늦은 그 무엇 있지 않기를

오늘 따라

장위에 네가 보인다 170816

일생

일생에 나는 부러운 것이 많았다
부러운 사람도 많았다

미시령 노을처럼 짧고 가볍게 아니 무겁게
시 몇 줄 쓴 이성선 시인하며
의인은 향나무 같아 저를 내리치는 도끼에 향을 묻
힌다는
판화가 루오하며
조국 위해 흔들리는 음악가 몰다우 강의 스메타나
나는 부러운 사람이 많다

그중에 부럽지 않은 부러워하지 않은 것 하나 있다
부럽지 않다고 울어 버틴 것 하나
끝내 부럽지 않다
가진 것 없이 오늘 홀로 섰어도
이 하나로 많은 허물 용서받을 것을 믿는다

170829

꽃이 진다고

꽃이 진다고
걱정 마라
생명에는
다음 있느니 170831

윤병순

만날까, 간다 할까
전화면 됐지, 그런가
간다고 했다

버스 갈아타며 인파 사이로 제주 공항에 나갔다
출국 전 짜투리 시간에
60년 만의 동문同門
만나서 얼마나 좋은가

지난 세월 뒤로 돌려보니
기억은 안개 속
그런대로 푸릇푸릇 고스란히
오늘로 연결되니 그로써 족하다

고맙고 예쁘다
혈육 같다 170922

광대의 옷*

평생 입고 살아온 옷
무색무취 단색의 옷

그 아래 감추인 연민도 많은데
언제나
양보 받고 인사 받는다

꺼지지 않는 희망
목마른 사랑의 눈물겨운 표징들이다

겸손한다
광대의 옷인데 외치지도 않았는데
그들은 보고 싶은 분을 보려한다 기다리는 분을

빛이다

171009

* 키에르케고르, 《어릿광대와 불타는 마을》을 읽고

곳간(욕심)

동박새들이 쪼르르 날아 왔다가
직박구리 오니 푸르르 달아났다가
조심조심 다시 가지로 와
감 하나씩 차지한다

소리 없는 잔지, 투명한 햇볕
동박은 쪼아먹고 직박구리는 파먹는다
며칠째에도 남았으니 입이 작지, 그 입으로 물도 먹지
가끔 주인 눈치 돌아본다

주인이 올라가 감을 딴다
손 안 닿는 것들은 너희 가져라
욕심이야 너희도 마찬가지
남겨줄 뜻은 없는 것 같더라

내 계산은 단순
몇 개쯤은 날개달린 너희에게 준다

그런데 얘들아
곳간 없는 가벼운 것들아
하루 걱정
충분하냐 오늘도 171022

이름 없는 무덤

이름 없다고 주인 없으랴
호젓한 산마루에
외로운 무덤 하나

누군가 서러운 이
밤에 몰래 삽 들고 와 주검을 묻고
비석 못 세우고 봉분 만들다

때 되면 아니 때가 아니라도
홀로 울어주며 풀 깎고 갔을까
이름 없는 작은 무덤

먼저 온 이를 후에 온 이가 묻어주고
후에 온 이를 그 후에 온 이가 묻어주어
갸륵한 이 세상 이어지나니

비가 내린다
하늘의 어른님 내려 보시며
기특하여 눈물 흘리시다 171214

눈발 날리는 날

흰 눈발 날리는 날
바람 살짝 불어 고운 쌀가루 날리는 날

어린 참새들 먹이 찾아 처음 나온 날
새 깃 걸치고 등 떼밀려 둥지를 나선
어리디 어린, 아기주먹보다 작은 참새들
흰 쌀가루 찍어보고 또 쪼아도
배가 부르지 않은 날

가자 엄마한테 가야해
무슨 수가 있겠지
표르르 날아간 날 180203

대합실 비둘기

대합실 맨 바닥에 비둘기들이 다리 사이를 종종거린다. 사람을 두려워하지 않는다.

내 가방에 줄 것이 들었을까. 없다. 앞자리 큰아이가 과자봉지를 뜯는다. 가까이 오는 비둘기를 발로 쫓는다. 내가 손 내밀어 과자 하나를 청한다. 그가 일어나 하나를 내민다. 잘게 부수어 바닥에 던진다. 둘, 넷, 여섯 마리 모여 와 분주히 쫀다. 아껴 아껴서 부수어 던진다. 성에 안 찬 한 마리가 소매로 올라와 손에 남은 과자를 쫀다. 잘 안 된다. 내려간다. 손 털고 남은 조각을 구두로 잘게 부순다. 그들은 한참 더 분주하다. 가루 한 톨마저 줍는다.

옆자리에 한 아저씨가 온다. 바닥으로 내려앉아 손에 오르라고 손짓을 한다. 도망간다. 또 손짓한다. 어림도 없다. 큰아이는 어딘가 가고 없다. 나는 속으로 말한다. '아저씨, 빈손으로는 안 돼요. 과자 한

봉지 사세요.' 가난한 비둘기에 가난한 아저씨. 비둘기 위해 과자를 안 사는 나는 마음이 가난하지 못할 것이다.

180207

4부 3장

목마름 3

2018~, 서울 본원 옛날 입회하던 제자리로 와서

시를 쓰는 이유

제주에서 시를 썼다
아름다운 자연
이를 보지 못하는 이들 때문이었다

또 쓰는 이유
등대지기 노인*이 만난 폴란드 모국어 시집 같은
감명스러운 시 하나 얻고 싶다
숙제처럼 시를 떠나지 못한다
시는 음악보다 미술보다 국적이 뚜렷해 안쓰럽다

별 없는 서울 거리에서 시를 찾는다
눈을 감으니
응급차 왱왱 지나간다 180308

*헨릭 시엔키에비츠, 〈등대지기〉

연못이 갖고 싶더니

제주 떠나오니 내 꽃밭 없어 서운하더니
작은 연못에 물레방아까지 주시네요
겨울 난 금붕어들이 춤을 춥니다

황금달맞이 무스카리 아주가 둘러 심고
냉이 민들레 씀바귀 토끼풀 자라게 두고
백일홍 봉선화 분꽃 구해와 심지요

이웃 아파트에 버려진 원목 탁자
이수영 청년이 성큼 들어 정자에 넣어 주니
이제 내 손님은 이리로 모셔요

어느 새 5월, 여름 가을도 이처럼 빠르겠죠
끝나지 않는 긴 봄을 기다리렵니다
늘 채워주시는 그분 계십니다 180507

무언가 되고

무언가 되고 뜻밖에 되고
무언가 안 되는

내게 안 된 무언가가 남에게 되고
내게 더러 남에게 더러
뭔가 되고 안 되는 세상

모종 심고 물주고 꽃 피기를 기다렸더니
제초기가 싹 쓸고 지나갔다
죄송합니다 그 한 마디로 되는가
안 될 일도 아니다

천재 홍명희도 이것저것 하다 안 돼
임꺽정 붓을 들더니
그나마 못 끝내고 끝이라 했다

세상은 연습 운동장

그런대로 아름답다 180706

에델바이스

아름다운 오스트리아 영화 사운드 오브 뮤직
마리아가 들꽃처럼 흔들리며 노래 부른다
에델바이스, 에델바이스

제 나라를 축복하라 마지막 절에 영원히
에델바이스, 에델바이스
이 구절을 몰랐다 이제야 알았다

풀꽃, 눈 속에 묻힌 풀꽃에게 나라를 부탁하며
어른 아이 없이 부르고 또 부르네
에델바이스, 에델바이스

간곡한 마음 담아 채송화야 봉숭아야
내 나라 어여쁜 나라 축복을 빌자
빌어 보자 백일홍아 접시꽃들아 180720

잡초

내 아직 이름 몰라서 너는 잡초냐
다음 생이 있거든 네게
뽑힐 자리 예 와서 자라지 마라
내 뜻 아닌 예 와서 태어나지 마라
골라 뽑지 않느냐 가여운 것아 180826

엄마 생각

아이야 왜 우느냐

엄마하고 있는 아이는 울면 안 된다
엄마 곁에서 울면 엄마가 운다
엄마하고 있는 아이야 울지 마라

엄마 손 꼭 잡고 가는 저 애 좀 보렴
온 세상이 제 것 같은 저 당당한 아이

엄마, 여섯 아이 우리 엄마
손 놓고 가신 우리 엄마
어느 날 나는 가서 그 손을 꼭 잡으리 180915

성체 앞 공동기도

— 가톨릭성가 195에 맞추어

우리는 공동체로 태어났기에
기도도 혼자서는 맥이 없으며
무얼 중얼거릴지 언제 마칠지
가늠 못해 서성일 어린 사람들

기도서 정해주신 성령의 지침
씩씩하게 따르니 정신 밝아요
교회 역사 이래로 다듬어 바친
보석 같은 기도 말 다 심겼어요

절로 유식해지고 넉넉해지며
성령께서 오셨음 알아집니다
가납될 자신마저 든든하외다
우리 공동기도를 받아 주소서

영혼 양식 성체로 여기 계시니
그 둘레로 천사들 떠나지 못해
성모님도 성인들도 눈 떼지 못해
함께 모인 우리들 교회 이뤄요.   아멘.   190120

내 친구 의경이

초등 동창 경(卿)이는
모험 같은 건 없었을 해볼 필요 없었을
손이 작고 손이 고운 사람

웃음이 예쁘고
말소리 높지도 크지도 않고
넘치거나 모자라지 않는 명징한 식별

나는 늘 경이가 좋다
새봄 오면 연못으로 초대해
금붕어에 물레방아 함께 돌리자 190121

오색 딱따구리

빈 가지에 어린 손님 까치가 왔나
나는데 보니 주황색 아래꼬리덮깃
아 너는 까치 아닌 오색딱따구리

도심 겨울 살아낸 오색딱따구리
어디쯤 살고 있니 귀한 친구야
연못 가 우리 뜰에 둥지를 틀어
너희 새 식구들 데리고 오렴
물레방아 금붕어에 딱 어울리누나

나무 심는 소식 오면 빨간 열매의
새들 먹이 팥배나무 주문해 주마 190124

목마름

목마름이라는 말처럼
설레는 말이 있을까

목마름이 서 있다
목마름이 걸어간다
목마름이 나른다
달린다 구른다 듣는다 바라본다
우러른다 찾는다

목마름처럼 목마른 말이 있을까 190202

이웃 성인

버스정류소 옆 매 주 목에 홀로 서는 장
가난한 이들 소품을 길바닥에 가지런히 펴고
　이런 것이라도 안 하면 저희 같은 사람
　무얼 하겠습니까
정직하게 몇 푼 벌고 돌아 가는 귀한 시민

길 건너 구두 박스에 구두 기술자
30년 장로 경력에 십일조 자랑 잊지 않으며
이상하게 목사님도 하늘나라 얘기를 덜 한다고
요새 세상을 염려했다, 베네딕토 16세처럼

190321

5부

산문

공 하나의 일기

내 이름은 공 하나, 연두색 테니스 공 하나입니다. 나의 집은 교장실 주인의 서랍 안입니다. 중간놀이 시간에 주인이 날 꺼내들고 운동장에 나가면 그때 세상 구경, 꼬마친구들 구경을 해요. 주인이 나를 하늘 높이 던지면 친구들은 구슬같이 달려와 나를 서로 잡으려 하지요.

나는 잘생긴 테니스 공, 잘 잡히기도 하지만, 잘 놓치기도 해요. 조금만 건드려도 떽떼구르르……, 요리조리 도망가고 꼬마친구들은 우르르 달려와요. 얼굴이 빨갛게 달아오르도록 달려와 나를 받아 내서 신나게 힘껏 다시 주인에게로 던져요. 주인은 용케 잘 받아서, 어느 구석 심심한 친구에게 찾아 던지죠. 남자친구, 여자 친구, 상급생, 하급생 공평하게 해요. 누구나 공을 받으려 무리와 섞여, 나를 좇아 이리저리 부딪치고 야단이에요.

나는 주인이 왜 나를 골랐는지 잘 알아요. 다른 놀이는 별로 할 줄 아는 게 없거든요. 공 안 좋아하는 친구도 없지 않아요? 나 하나만으로도 숱한 친구들과 놀 수가 있지요. 친구들은 놀아 주는 사람을 얼마나 좋아하는데요! 때로 주인이 회의가 있어서 외출을 하는데도 "수녀님! 같이 놀아요!" 하고 외친단 말이에요.

나도 이제 주인의 친구들을 주인만큼 좋아합니다. 지상의 천사들이지요. 나하고 노는 그들이 실은 나도 좋아 어쩔 줄 모르지요. 이리저리 달리며 신나게 어울리고 쓰러지고 넘어지고 다시 일어나 나를 쫓아와요. 그러는 중에 친구들은 추위도 이기지만 여름날의 더위도 문제삼지 않아요. 뚱- 하던 친구와도 어느새 하나가 되는 건 다 내 덕분이에요. "뛰고 달리고 뭐든지 하렴, 죄만 아니면!" 뭐 그런 말씀을 하셨다는 '돈 보스코'라는 어른이 나는 이해가 100% 되는 거예요.

나는 쉴 새 없이 이리저리 나르지만, 가다가 쉬기도 해요. 주인이 손에 들고 친구들 이야기를 들어주는 동안이지요.

"수녀님, 저 애가 울어요!"

"어디 보자. 왜 울지?"

"저 애가 때렸어요."

"미워서 그런 건 아닐 거야. 우선 이 공 좀 받아라."

그러면 울다가도 나를 받고 눈물도 사라져요.

종소리가 나면 친구들은 신통하게 교실로 달려가지요! 열심히 놀았으니 열심히 공부할 거예요. 잠시 주인은 때린 아이를 조용히 따로 불러요.

"얘야, 이 친구 너 때문에 속상했는데 그냥 들어갈래?"

"미안해."

"괜찮아."

그런 소리 들으면 눈물이 날 것 같으면서 나는 다시 서랍 속으로 안녕, 쉬러 갑니다

〈수원 소화초등학교 교장 임원지 수녀, 1993 사국회보, 겨울호 36〉

성탄구유와 밤하늘

아씨지 가는 길에 들른 콜레발렌자 대성당, 어마어마한 대형 성탄 구유를 자랑했으나 예수 아기 누우신 동굴의 창공은 실망스러웠다. 조명을 켜자 넓은 창공에 별들이 반짝였는데, 어느 계절 어느 하늘에도 없는 별들이 길 잃은 아이들처럼 아무렇게나 서 있었다. 아무렇게 점 찍어 놓고 별이 되었다 했다.

지도를 그리면서 바다와 육지를 누가 도대체 되는 대로 그리는가. 밤하늘도 마찬가지인 것을 의식하는 사람들, 적당히 예쁘게만 점 찍어 놓을 일이 아님을 아는 이들을 만나고 싶다.

별들은 절대로 무질서하게 자리하지 않는다. 수억 년 창조역사를 담고, 그 질서로 하늘에 떠서 우리를 비추며 벗하여 있고, 우리 잠든 사이에는 창조주 하느님께 대신 찬미가를 부른다.

'Contact'라는 야심찬 별 영화를 보았다. 베가(직녀성)가 다루어지고 어린이와 아빠가 캐시오페이아 이야기를 나누기에, 혹시나 하늘을 잠시라도 제대로 보여주나 기대했으나 끝내 스쳐지나 넘어갔다. 나는 중얼거렸다. '별 문외한이 별 영화를 만들었네!' 그 제작자는 밤하늘을 바라본 사람이 아니며 별을 사랑해 보지 않았다. 별을 보러 밤잠을 설치고, 추위를 무릅쓰고 목 빠지게 하늘을 바라본 일이 없다. 그래서 그는 별 영화를 만들면서도 그 기본 지식마저 전하는 기쁨이 없었다.

별! 그 좋은 친구들을 대충 아는 일은 손해다. 들의 풀꽃도 저마다 이름이 있고, 그 이름 배우고 나면 사랑스러운 친구 하나 더 얻은 듯 신이 나지 않던가. 들꽃들은 씨를 날려 자리를 바꾸지만 별들은 절대 함부로 자리를 바꾸지 않는다.

어느 해 시드니에 간 일이 있었다. 자연이 깨끗하고 맑은 나라, 새들이 죽을까 봐 농약을 치지 않는다는 그 부러운 나라에는 새들이 많았다. 그 첫날 저녁, 달이 없는 칠흑 밤에 수녀원 넓은 뜰에 별 보러 나가니, 4등성까지 가득해 나는 모처럼 행복했다.

그런데 나는 금세 길을 잃었다. 웬일인지 그 푸른 밤하늘에 아는 별이 하나도 없었다. 어쩌나! 별들이 총총한데 도무지 아는 별이 없다니! 북두칠성, 북극성, 그 반대편 캐시오페이아, 아니면 오리온이라도 어느 구석에 있을 텐데 도대체 지금 시드니는 어느 계절이란 말인가. 올 때 비행기 창으로 보이던 그 찬란했던 시리우스는 무언가. 누가 하루 사이에 온 밤하늘을 헝클어 놓았나.

당황스러워하는 나를 본 그곳 수녀님이 남십자성은 있다고 했다. 아차! 여기가 남반구지! 우리 하늘에 뜨는 가장 밝은 별은 아크투루스이고, 두 번째 세 번째는 남반구에 있다고 들었다. 나는 하늘 가득한, 그러나 낯선 별들을 무안하게 올려다보았다. 별들은 지리적으로 구체적이다.

성탄절이 가까우면 성탄구유들을 만든다. 긴 꼬리 달린 성탄별도 꼭 만들어 단다. 그런데 보자! 성탄구유 배경 하늘에 북반구 밤하늘 어디에도 없는 별들을 되는 대로 점 찍어 늘어세우지 않는가. 신학에서 실재實在이나 불가시적이라 배우는 그 천사들까지 상상으로 등장시켜 놓으니, 성탄 이야기는 마침내 실화 아닌 꿈속의 동화가 된다. "때가 차서" 이 땅에 이루어진 그 절절한 역사성歷史性은 실감 있게 다가오지 않는다. 신비이나 역사인 내용을 우화적으로 다룰 권리는 없다, 그 어느 누구에게도.

실제로 그 시기 별자리 몇 개 미리 공부하여 정다운 친구 별들을 배경 하늘에 담아내면서, 예수님 탄생의 그 역사성을 별과 함께 선포할 그런 슬기롭고 멋진 교리교사, 구유제작자들이 나오기를 기대한다.

2000. 01. 창원 〈동틀 무렵〉 별바라기 동호회지

기도해 주심에 감사드립니다

어머니 장례미사를 돈보스코센타 3층 예쁜 성당에서 드릴 때, 아우 임동일 미카엘은 고별식 후 회중에게 이런 인사말을 했습니다.

"미사를 집전해 주신 홍부희 원장신부님, 공동 집전하신 조성태 신부님, 아름다운 전례를 준비해 주신 살레시오수녀회 수녀님들, 신대방동성당 연령회 원님들, 그리고 여기 오신 모든 분들께 감사를 드립니다.

저희 어머니 이복남 루시아는 6남매를 나아 키우셨는데, 저희는 집안에 천사 한 분을 모시고 살았습니다. 한 남자의 아내로서, 어머니로서, 그리고 일가친척과 이웃들 위해 천사 같은 일생을 사셨습니다. 오늘 이 아름다운 성당에서… (그리고 아우는 잠시 울었습니다.) 이렇게 아름다운 장례미사를 드리게 된 것은… 어쩌면 매우 당연한 일이었다고 생각합니다. 감사합니다!"

신자들의 기도에서 저는 교황 베네딕토 16세의 “희망으로 구원된 우리”의 한 구절을 빌어 기도했습니다. “어떤 비문에 ‘우리는 얼마나 빨리 無에서 無로 돌아가는가!’ 라고 써 있다고 합니다. 사랑하올 주 하느님, 저희는 어머니 이복남 루시아를 無로가 아닌 당신께로 보내 드리오니 품에 받으소서! 그리고 여기 모인 저희 모두 죽는 날까지 주 하느님을 성실히 섬기다가 그 품에 함께 들게 하소서!”

홍신부님의 따뜻한 강론, 수녀님들의 정성스런 성가와 반주, 주송, 화답송, 귀친歸天 합창... 하염없이 눈물이 흘렀습니다. 하나하나가 기적같이 이어진 며칠입니다. 어머니 임종을 지켜볼 은혜를 수도자로서 감히 청해보지도 못했는데 실제로 그 은혜가 주어질 줄이야! 불효의 빚을 조금이나마 갚은 것만 같았습니다. 운구차로 신길동 수녀원 옆을 지나신 것까지, 일부러 계획하지도 않았는데! 수많은 화환 중에 장손은 나자렛집 조그마한 화환만을 묘지로 실었습니다. 저희 가족은 애통 중에도 감사에 차 있습니다. 아우 선희 메히틸다는 세상에서 가장 아름다운 장례미사였다고 미국 언니에게 전화를 보내더군요.

저는 임종 중인 어머니께 "마리아, 도움이신 마리아님, 저희를 위하여 빌어 주소서!" 임종 후까지도 반복해 노래를 불러 드렸어요. 12월 8일 성모님 날에 돌아가신 저희 천사 루시아를 성모님께서 하늘나라로 인도하셨기를요! 오늘은 성녀 루시아, 어머니 본명 축일, 저희 집에 미사 오신 구신부님께서 친히 어머니 위해 지향을 두고 미사드렸다 하시네요. 4대에 걸쳐 구원하시리라던 성 돈 보스코의 예언 말씀을 믿으며 두루 감사드립니다.

2008년 12월 13일, 나자렛집에서 임원지 Cecilia 수녀 드림.

오스트리아를 사랑합니다

— 故 겔트루트 스티클레르 수녀님(Sr. Gertrud Stickler FMA)을 기억하며

오스트리아를 사랑하게 되었다. 알프스, 모차르트, 〈사운드 오브 뮤직〉의 나라, 사랑하는 겔트루트 수녀님의 고국이다! 86세로 지난 2월 4일, 훌훌 가셨다. 하늘나라가 성큼 내게도 다가온 듯만 하다. 지난 2012년 봄에 닛자로 갔을 때, 수녀님이 토리노 비아 쿠미아나 휴양소에 계시는데 기억력을 상실해 가신다는 소식을 들었고, 10월에야 방문이 이루어졌다.

그분에게서 나는 종교 심리학을 배운 일이 있다. 하느님은 tu per tu의 Tu, 우리 각자는 그분의 tu, 그분은 우리의 Tu로, 인격 대 인격의 나를 원하시는 하느님 개념을 배울 때, 나는 눈 하나 깜짝을 못하고 들었다. 공동체에 그분의 현존은 매우 사랑스러우셨다. 오락시간에 뜰 배구 때의 멋진 서브, 소탈하신 웃음소리가 아직도 생생하다. 오라버니 마리아 알퐁소 스티클레르 추기경(S.D.B.)의 방문이 있는 날은 학교가 온종일 축제가 되었었다.

수녀님이 지금 와 계신 비아 쿠미아나 분원은 매우 큰 학교였다. 1967년 우리 그룹이 카사노바 국제 수련소로 가기 전 입소식을 하던 곳으로, 다락방 궤짝에서 흰 구두와 흰 드레스를 꺼내 차려 입고 우리 학년 40명이 입소식을 했었다. 지금은 유치원이 남고 연로하신 수녀님들 휴양소가 되었다.

응접실에 들어오시면서, "Senza mai sperare ciò!"라 하셨다. '생각지도 못했는데'라는 뜻쯤 될까. 여전히 어린이처럼 단순하셨다. 언제 왔느냐 가느냐를 묻고 또 물으시니 가슴이 아렸다. 수녀님 방으로 갔을 때 볼펜 하나를 청했더니, 집어 주신 것에 신기하게도 한글로 〈평생교육 젊음의 집〉 글씨가 보였다. 1983년 예방교육 강의 차 한국에 오셨을 때 받으신 것일 게다. 기억감퇴를 의식하시는지, "Cosi' e' la vita", 영어로도 "Such is life"를 되풀이하셨다.

오라버니 추기경이 97세로 돌아가신 이야기를 꼼꼼하게 들려주셨다. 추기경님이 좋아하신 과달루페 성모 액자가 벽에 걸려 있었고, 둘러서서 기도를 드리는데, 한순간 창이 활짝 열렸고, 그 창으로 하늘을 내다보시더니 "후~" 하고 숨을 내쉬시고 눈을 감으셨는데 그날은 바로 과달루페 성모 기념일 12월 12일이었단다!

84세 노인이 위트가 여전하시고, 짧은 대화에서도 대 심리학 교수답게 식별을 잘해 주셨다. 그리고 앞으로도 종종 소식을 듣자 하셨다. 그분 뵈온 일은 덤 중에도 덤의 선물이었다.

귀국 직후 3월에 편지를 드렸고 답장이 왔다. 그리고 8개월 후 11월 16일 성녀 젤트루다 축일에 그분 휴대폰으로 국제전화를 드리니, “Con chi parlo?” ‘누구세요?’가 아니라, ‘제가 누구와 이야기하고 있나요?’ 라는 정중한 물음이셨다. 그리고 곧 이어 편지를 받았느냐고 물으신다. 아니 이 무슨 말씀! 설명도 채 드리기 전에, 생이 얼마 남지 않았으니 잘 준비하자는 말씀으로 끝을 맺으셨다.

며칠 후, 11월 21일. 글라라회 낮미사 후 그곳 수녀님이 편지 하나를 건네시며 내 편지 같다 하셨다. 겉봉 주소가 달랑 Rev. Sr. Im Won-Ji Cecilia, Jeju, S. Korea! 제주에 나 혼자 사나! 눈물이 났다. 아, 이 편지 말씀이셨네! 너무 기적 같아서 한림우체국으로 자초지종을 캐니, 이제껏(60년 동안) 외국 편지는 모두 매

크린치 신부님* 것이어서, 제주우체국에서는 외국말 편지가 오면 무조건 한림지국으로 보냈고 우체부는 이 편지를 이시돌회관으로 가져갔던 것이란다. "마지막 여행이 얼마 남지 않아서 하느님께 은혜를 청해야 하는 나를 기억해 주면 고맙겠다. 앞으로 몇 번 더 쓰자." 주소에 달랑 내 이름 하나만 써서 보내신 그 마지막 편지! 천진한 어린이! 그날 밤 늦게까지 나는 가슴이 두근거렸다.

다음 날 전화를 시도했으나 되지 않았다. 닛자의 친구 수녀에게 서둘러 메일로 물으니, 오래 기다린 끝에 답신이 왔는데, 상태가 나빠지셨단다. 나빠져야 하느님께 가신다. 그러고 두어 달 후 가셨다. 사랑하는 수녀님, 먼저 편히 가세요! 이제 그 오누이 만나셨을까.

하느님께서 거저 주신 생명의 은혜를 사는 동안, 보석 같은 사랑들을 많이 받았다. 이를 나는 얼마나 되갚으며 사는가, 턱도 없다. 자비의 하늘나라, 가신 분들이 늘고 있다.

150224, 이시돌 편지 이야기

* 맥그린치 파트리시오 신부. 한국명 임피제, 1953년 입국, 불모의 땅에서 이시돌목장을 일군 아일랜드 성 골롬반 외방 선교회 선교사. 2018. 4. 23. 卒, 향년 89세.

태극기

마음 설레는 음악, 스메타나의 〈나의 조국〉 2악장 〈몰다우〉를 듣는다. 체코 국기를 두 개나 내건 연주회장에 지휘자와 단원들이 한마음 되어 흔들린다. 베토벤처럼 청력을 완전히 잃은 스메타나가 강인한 열정으로 완성했다는 곡, 내 조국 대한민국 한강처럼, 센강처럼 도나우강처럼, 그들 조국에 볼다우강이 있던 것이다. 바삐 떠오른 것은 내일이 3.1절, 내어 걸 태극기였다.

나는 입회 때 태극기를 가지고 들어왔다. 여행을 나갈 때도 챙겨 갔다. 당연히 그래야 한다는 것을 의심해 보지 않았다. 관棺 위에 조국 폴란드의 흙 한 줌을 소원한 쇼팽을 나는 일찍부터 좋아했다. 해방 후 제각기 집에서 들고 나온 태극기는 모양이 조금씩 달랐다는데, 그래도 그 하나를 간직했음이 대견했던 국민이다. 그 순수한 조국애는 누가 가르치며 누구에게서 배울까. 지난번 귀국 때 인천공항 높은 두 기둥에 대형 태극기가 게양돼 있어 기뻤다.

때로 긍지도 주고 때로 애처롭기도 한 내 나라 국기! 올림픽 세계 대회에서 김연아가 금메달 받으러 단상에 오를 때, 애국가에 태극기가 오를 때, 그는 눈물을 흘렸고 이를 보는 국민들도 울었다. 3.1절 8.15에 태극기 배포 행사 안 해도 하느님 축복같이 집집마다 내걸려 휘날리는 태극기를 보고 싶다.

150228, 이시돌

어느 일상日常

151208 진이 1학년

어머니 제사에 서울 오니 큰 남동생 손녀 진이가 초등 1년생이 되었다. 카드를 만들어 메리크리스마스라며 건넨다. 리본 단 토끼가 이빨을 내민 그림 내지에, "크리스마스 때 못 온다고 하시니 미리 축하드려요" 라고 썼다. 성탄에 누가 오시느냐 물으니 싼타란다. "아니지, 우리를 사랑하시는 예수님이 오시는 거야! 그래서 사람들이 너무 기뻐서 가진 좋은 것을, 특히 착한 어린이들에게 나누어 주는 거야. 진이가 내게 예쁜 헬로키티를 주듯이, 내가 제사에 오고 있는 식구들 주려고 빤짝이실로 양치컵수세미를 뜨듯이, 그렇게 사람들이 나누는 것이지." "그럼 싼타는 누구예요?" "니콜라스라는 사람." "평민이에요?" "그럴 수도 있지." 이 사랑스러운 아이들이 살기 좋은 세상을 만들어야 한다.

꽃 도둑, 꽃씨 도둑. 꽃을 서리해도 주인들은 탓하지 않았다. 꽃 키우는 사람들의 마음이다. 봄에 한 포기 비닐봉지에 담아오고, 가을에는 씨 받아 손수건에 받는다. 웃옷 주머니에 무궁화꽃씨, 어제 보라매공원 무궁화동산에서 딴 홍단심 씨다. 짬짬이 모은 씨를 제주 성이시돌젊음의집 뜰에 뿌리고, 남으면 정물오름에 뿌려 주리라. 괴테가 꽃씨 받아 산책길에 뿌렸다지. 좋은 생각!

새벽 6시 돈보스코센타 미사 가는 길, 보라매공원에서 마주친 한 남자가 뒤를 돌아 하늘을 보라 했다. 아! 그믐달. 그 사람은 초생달이라 했다. 그믐달이 금성을 데리고 떠 있었다. 혼자 보지 않은 일이 신기하고 고마웠다. 요새 세상이 각박하여 자연친화적인 사람들이 많아졌단다. 달은 초생달이 아니라 그믐달인 것을 설명해 주니, 흡족하여 그는 자기도 신자, 베드로라 하며 출근차량 쪽으로 갔다.

190323 진이 4학년

4학년 진이는 키가 훌쩍 컸다. 키 작다고 이젠 투정

을 안 한다. “수녀님은 화장하면 안 돼요?” “안 하지.” “규칙이에요?” “할 필요가 없어.” 할아버지 한 말씀, “화장은 보이려고 하는 건데, 수녀님은 보여 줄 분이 하느님이시거든. 하느님은 마음을, 착한 마음을 보시니까 화장이 필요 없지.” “아!”

〈맘마 말가릿다〉를 번역하고

데레시오 보스코 신부님이 쓰신 〈맘마 말가릿다〉를 번역했다. 돈보스코미디어에서 출간된다고 한다. 이 분은 글을 잘 쓰시는 분 같다. 번역이 그리 힘들지 않고 재미있던 이유가 그것인가 한다. 맘마 말가리다를 대충만 알고 지내오다가 나도 이제야 라칭거 추기경마저 왜 그분 시성 이야기를 하셨는지 알게 되었다. 그 아들에 그 어머니! 돈 보스코가 성인이시니 그분을 키운 분도 성인이신 것이다.

우리 FMA 수도회는 어느 순간 마드레 마자렐로를 공동창립자로 인정했다. 보고 또 보니 역시 창립자이셨던 것이다. SDB 수도회는 초기에 당연히 아무 것도 없었다. 돈 보스코께 맘마 말가리다, 그 모친의 슬기로운 동반이 없었더라면 수도회 창립이 가능했을까! 새삼 궁금하다, 맘마 말가릿다는 어떻게 불러드리면 합당할까.

어느 아이를 다독이며 말씀한다. "... 그 이유를 알고 싶다면, 내가 알려 주마. 요새 넌 기도를 안 해. 성당에는 제일 늦게 가고, 할 수만 있다면 빠지고 말이야. 얘야, 하느님이 너를 도와주지 않으시면, 장차 무슨 좋은 일을 하겠니? 이 사과 깨물면서 한 번 생각해 보렴..." 그리고 아들 사제에게 말씀하기를, 오라토리오에 좋은 아이들이 많지만 도메니코 사비오만 한 아이가 없다 하셨다. 안 보는 척 다 보신 맘마 말가릿다처럼, 주님이 우리를 깊숙이 바라보시고 거짓 없다 알아주시길 감히 희망하자.

돈 보스코는 우리 첫 회헌에서 주문하셨다. 마르타와 마리아, 사도들의 삶과 관상의 삶을 병행할 것. 어느 쪽이 더 중하고 덜 중한 게 아닌 우리의 정체성이다. 안팎에서 열심히 기도하라 주문한다. 어떻게 기도하면 열심한 기도가 될까? 힘차게 큰소리로? 아름다운 오르간 반주가 어우러진 노래로? 제대 앞의 상큼한 꽃꽂이? 다양한 이니셔티브?... 그도 좋지만 다는 아닌 것 같다. 밑지고 손해를 보면서도 드릴 수 있는 것 중 하나가 기도이고, 그것이 우리의 자랑 중의 하나가 되어야 한다.

기도가 힘이라면 그 힘은 어떻게 길러질까. 총회에서 성령의 빛 청하여 심사숙고 결정된 공동체 기도문이 있다. 제시간에 성체 앞에 모인 공동체 기도에는 사도활동 만큼의 큰 힘이 있다. 중요한 일 있다고 미리 빠져나가지 않고, 자칫 하느님보다 더 중요한 일 하는 척 건너뛰지 않고, 기도 시간에 충실하는 수덕이 있을 때 기도의 힘, 청소년을 모실 힘, 십자가 칼날도 견딜 힘은 길러질 것 같다. 바로 그런 교훈을 맘마 말가리다를 번역하며 얻었다. 기도 종 5분 전에 와 있는 이는 기도하고 싶은 이다.

180919, 신길동에서

촌평

• 인생이 있고 철학이 있어 울림을 준다.

— 시인 임강빈

• 〈태극기〉를 읽으면 눈물이 난다.

— 교육자 김혜향

• 시란 것은 짧아야 되는데 짧아서 좋고 시라는 것은 또 간절해야 하는데 간절해서 좋다.

— 시인 나태주

• 소소한 일상이 반짝거리며 도드라져 밤하늘 별로 연결되어 여운을 남기는 별자리 같은 시로 변형되어 있다.

— 독자 박영란 에우제니아

• 신앙과 통찰력, 고뇌 없이는 나올 수 없는 작품들이다.

— 전 교황청대사 정종휴

- 임원지 수녀님의 시는 아, 시는 목마름인가, 기도는 목마름인가, 삶은 목마름인가, 새삼 거듭 생각하게 한다.

— 시인 성낙희

- 숲길의 일상 이야기는 독자가 숲에 들어선 듯한 느낌이 들게 한다. 자연을 자연 그대로 순수하게 바라보고 사랑할 줄 아는 마음이 느껴진다.

— 수필가 이정웅

- 시감詩感의 영감에 충실한 그의 시작詩作 봉헌이다.

— 은사 조정옥 쟌데오판 수녀

- 표주박으로 옹달샘의 맑은 물을 떠서 마셨을 때의 가슴 시원함이 느껴진다.

— 시인 주용일

• 시가 짧고 투명하고 순수하고 정직하다. 시가 가지고 있는 기능성에 접근하여 시의 에필로그를 확실하게 전달하고 있다. 오늘날의 형식이나 난해한 시법과는 다르게 독특한 자기만의 기법으로 종교적 사유를 통한 참 삶을 그려 낸다.

— 시인 한기팔

• 임원지 수녀님의 시 속에는 언제나 간절한 기도가 담겨 있다. 봉헌의 신앙이 향연으로 타오르면서도 사람의 일이나 사물들에 보내는 연민과 애정을 거두지 않는다. 수녀님의 시에서 우리는 시적 기교 아닌 따뜻한 그 마음을 읽어야 할 것 같다.

— 시인 허영자